AF243411

DOUZE QUESTIONS

ET

DOUZE RÉPONSES

SUR LE

GRAVE PROBLÈME

qui divise les esprits en France

PAR

FRANCK DE BONNEFOY

SAINT-DIZIER

LIBRAIRIE HENRI BRIQUET

—

1878

SAINT-DIZIER. — TYPOGRAPHIE CARNANDET.

AU LECTEUR

Souvent dans la mêlée, au milieu du brouillard, de la poussière et de la fumée, les amis tirent sur leurs amis et des frères d'armes tombent sous les coups de leurs camarades. Quel désespoir, quand le brouillard se dissipe et que ces braves reconnaissent leur funeste erreur ! Les ténèbres, l'ardeur du combat excusent jusqu'à un certain point, ces coups meurtriers et fratricides ; mais quels poignants regrets pour toujours ! Le souvenir de ces valeureux compagnons, s'affaissant sur le champ de bataille, frappés au cœur par leurs compagnons d'armes, est capable vraiment d'empoisonner le reste de la vie.

En ce moment une lutte étrange est engagée dans notre pays. Hier l'étranger, hélas, foulait en vainqueur le sol de notre patrie épuisée ; à peine son drapeau a-t-il disparu que les enfants de la France se divisent en deux camps et déchargent les uns sur les autres leurs injures, leurs menaces et leurs violences. Du haut de la tribune, le chef du camp radical jetait aux cœurs de ses partisans : « *Le cléricalisme, voilà l'ennemi !* »

Est-ce vrai ? et l'ardeur de la lutte et l'ignorance de la foule peuvent-elles excuser les injures et les menaces ? L'erreur, sur le champ de bataille, a des conséquences si graves, qu'il faut à tout prix éviter les fausses attaques.

Les cléricaux sont peut-être de braves et loyaux défenseurs de la France !

De grâce, étudions un peu cette race d'hommes que les radicaux redoutent comme la peste.

II

Qu'est-ce qu'un Clérical ?

Je ne sais par quel tour de force la Révolution est parvenue à séparer l'Eglise de son divin fondateur, la cause de l'Eglise de la cause de Jésus-Christ. Jésus-Christ est Dieu, et l'Eglise est d'institution divine. Jésus-Christ est ressuscité et ne meurt plus, et l'Eglise a les promesses de la vie éternelle ! Jésus-Christ est la vérité ; il a été envoyé pour rendre hommage à la vérité, et l'Eglise n'a pas d'autre mission: « Allez, enseignez toutes les nations et baptisez-les; voici que je suis avec vous jusqu'à la consommation des siècles !» Jésus-Christ, pour nous sauver est mort sur la croix et voilà que la croix est plantée au haut du Capitole : sa mort a été le triomphe du ciel, et ainsi le sang des martyrs a été la semence des chrétiens ! Jésus-Christ et l'Eglise, c'est tout un. Sans l'Eglise, Jésus-Christ sa vie et sa mort deviennent des mystères impénétrables ; et sans Jésus-Christ, l'Eglise, sa mission et sa constitution n'ont pas de raison d'être.

Mais voici que la Révolution, sûre de l'ignorance et de la crédulité de son public, a tenté de séparer des choses inséparables, de diviser des choses indivisibles ; et déjà la foule prête l'oreille et répète qu'il faut distinguer entre catholicisme et cléricalisme. Or, l'Eglise est une société, et dans toute société bien organisée il y a ceux qui commandent et ceux qui obéissent. Toute société forme une personne morale ; pour la constitution aussi parfaite que possible d'une personne il faut une tête et des membres ; mais la tête et les membres vivent de la même vie, et concourent au même but, le bien être et l'épanouissement de toutes les facultés. La tête et les membres ne font qu'un seul et même corps. Ainsi en est-il de l'Eglise. La tête, c'est le Pape, ce sont les Evêques, en un mot l'Eglise enseignante. Les membres, ce sont tous les fidèles qui font profession de la religion catholique et qui écoutent les enseignements du Pape, des Evêques et des Prêtres qui ont mission d'enseigner.

D'autre part *Clerc ou Clérical* se dit de celui qui embrasse l'état ecclésiastique et par le fait, surtout en France, devient, sinon membre du moins

un écho de l'Eglise enseignante. *Catholique* se di[t]
de celui qui professe la religion de Jésus-Christ
avec le Pape, les Evêques et l'Eglise enseignante.

Ainsi donc il n'y a point ici de séparation possible. On est catholique avec le Pape, avec les Evêques, avec les Cléricaux, ou bien on ne l'est pas.
C'est donc une supercherie ridicule, une calomnie
infâme lancée par la Révolution contre l'Eglise de
Dieu : elle fait ici une œuvre de Tartufe, une œuvre
satanique ; elle voudrait jeter la zizanie dans nos
rangs et tromper la foule, hélas ! toujours si dispo-
sée à croire au mensonge, et à ouvrir son cœur à
l'ingratitude. *Catholique et Clérical*, c'est tout un,
plus particulièrement aujourd'hui que jamais ! Que
la Révolution le sache bien, il n'y a pas de schisme
parmi nous, et tous les Cléricaux, c'est-à-dire tous
les Catholiques concourent au même but, je veux
dire le règne social de Jésus-Christ au milieu des
nations qui lui ont été données en partage.

Ah ! je viens de prononcer le mot vrai de la situation. Nous Catholiques et Cléricaux, nous poursuivons
l'œuvre divine de Jésus-Christ, le salut du monde
par l'Evangile et la Croix. Fidèles à la mission

qu'il nous a confiée, il y aura bientôt deux mille ans, nous enseignons, nous baptisons, nous voulons enfin le règne de Jésus-Christ et dans les cœurs, et dans les mœurs, et dans les institutions, et dans les lois, et dans les sociétés ! Et la Révolution, si puissante dans les temps troublés que nous parcourons, reculant de deux siècles, répète avec fureur le blasphème des Juifs : *« Nous ne voulons pas de la royauté de Jésus de Nazareth.»* Et la Révolution nous désigne, nous Catholiques et Cléricaux, comme l'ennemi des temps modernes.

Quoi qu'il en soit, Jésus-Christ est Roi. L'Eglise au nom de son divin Fondateur, a pris possession de cette royauté et l'a exercée, à travers les temps, jusqu'à nos jours.

III

L'Influence cléricale est-elle légitime?

L'Influence cléricale est tout à fait légitime, surtout en France. Pour mieux comprendre ma proposition, ouvrons les pages de l'histoire et lisons avec intelligence.

Jésus était à peine remonté vers son Père, que les Apôtres armés de la parole et de la croix, s'élançaient à la conquête du monde. Mais on sait dans quels combats glorieux périrent ces premiers athlètes du Christ ainsi que leurs successeurs. Leur voix fut étouffée dans le sang. Lyon, Paris, Marseille, Vienne, Autun, Toulouse, etc., virent leurs fils lutter et mourir, pour laisser à leur postérité, comme un héritage immortel, ces deux grandes choses que le christianisme portait à la terre : la vérité et la liberté des âmes.

Mais, enfin, après trois siècles d'indomptable courage, d'affirmation intrépide, de mépris des menaces et de la mort, les mains des bourreaux se lassèrent. Ils reconnurent qu'il était au-dessus de leurs forces d'extirper du sol cette étrange race d'hommes, dont la conscience invincible comptait pour rien les richesses, les honneurs, les joies des sens, les prisons, les supplices et la mort. Le quatrième siècle apporta aux chrétiens la liberté de servir Dieu. C'était le triomphe avec Constantin et le Labarum.

Alors, dans une fécondité admirable, l'Eglise produisit de toutes parts, des Docteurs, des Apôtres zélés et des Pontifes d'une sainteté éprouvée. Au milieu de cette pléiade illustre, je citerai saint Martin dont les travaux apostoliques effacent et résument tous les autres, l'Apôtre non pas d'une ville ni d'une province, mais l'Apôtre des Gaules.

Soldat, moine et pontife, partout il est le porte-drapeau du Christ. Le paganisme recule épouvanté devant sa parole et ses miracles ; l'hérésie trouve en lui un ennemi mortel, et la Gaule entière le voit parcourant ses routes et recrutant partout des disciples de Jésus-Christ. Ses courses ressemblent à un vrai triomphe. Les foules l'acclamaient comme leur père, les puissants du siècle le craignaient, le vénéraient, et se rendaient à toutes ses prières. Et quand cette lumière des Gaules s'éteignit avec son siècle, ce fut un deuil général. Mais avec les Hilaire de Poitiers, les Just de Lyon, les Maternien de Reims et les Marcel de Paris, le grand thaumaturge du quatrième siècle avait planté solidement le drapeau de l'Evangile sur le sol des Gaules.

Mais déjà l'Empire chancelait et ses frontières étaient violées. Qui soutiendra le choc de ses hordes dévastatrices ? Leurs noms seuls font trembler les légions romaines, elles viennent de partout et s'appellent le *fléau de Dieu*. Le sang, le feu, la ruine, le deuil et les larmes signalent leurs passages. Aussi les peuples s'enfuient éperdus à l'approche de ces rudes habitants du Nord, vêtus de peaux de bêtes sauvages, altérés de sang et de butin. L'Eglise seule, par ses pontifes et ses prêtres, arrête, détourne et adoucit ces farouches conquérants. C'est sainte Geneviève à Paris, c'est saint Agnan à Orléans, c'est saint Germain à Auxerre et tant d'autres dont l'histoire a enregistré les noms glorieux et à jamais illustres. Appuyée sur la science et la sainteté, l'Eglise parle à ces fiers Germains, an nom d'un Dieu juste et clément, et ces hommes au sang neuf et généreux écoutent et s'inclinent. Ils s'arrêtent devant tant de prestige ; ils terminent leurs courses errantes et incendiaires, plantent leurs tentes sur ce sol qu'ils ont conquis. L'Eglise alors les appelle au glorieux combat de la vertu : elle ouvre, à deux battants, les portes de ses monastères ; elle multiplie ses écoles, et l'on voit les guerriers indomptables de la veille courber la tête sous

l e bois de la croix, étudier et copier les Livres saints.
Sans doute ce sang nouveau se révoltait parfois
contre le joug de l'Evangile, et se livrait aux ins-
tincts de sa race, la guerre et le pillage. Mais
l'Eglise lui imposait la trève de Dieu, instituait la
chevalerie et donnait aux lois de la nation, dans les
temps opportuns, la justice et la douceur évangélique. L'Eglise seule fit de la France nouvelle un
foyer de civilisation, et on put appeler cette France
de l'Eglise, la Reine des nations.

La France avec son histoire, la France avec tous
ses héros, tous ses saints, avec toute la gloire que
les siècles, avec complaisance, ont déposée sur le
front de cette fille aînée de l'Eglise, la France avec
toute sa civilisation, voilà l'œuvre de l'Eglise ! (1)

Et aujourd'hui les radicaux voudraient faire disparaître le sillon de gloire que l'Eglise a pénible-
ment tracé à travers les temps de notre histoire !
Ils voudraient, pour le jeter dans la boue, détacher
du front de cette Reine merveilleuse, le diadème

---

(1) Elle couvrit le sol de la patrie de monuments que l'art
et la poësie n'ont jamais pu surpasser. Elle créa ces immen-
ses bibliothèques, aujourd'hui l'ornement des bibliothèques
nationales et particulières.

que nos pères avaient déposé sur sa tête ! Ils voudraient nier les droits de l'Eglise, de cette mère si tendrement dévouée, sur nous ses enfants et sa couronne ! Ils voudraient enfin, creuser un abîme entre la mère et la fille pour nous jeter entre les bras de la Révolution ! Mais un passé de dix-huit siècles sortirait de la poussière des tombeaux, pour accabler de ses accusations, l'ingratitude des fils dégénérés du plus beau royaume après celui du ciel !

Oui, la France est la fille aînée de l'Eglise, et l'Eglise a, sur la France, les mémes droits qu'une mère exerce sur sa fille.

IV

L'influence cléricale est-elle légitime par rapport à la science ?

Ici la lumière commence à se faire malgré les ténèbres entassées par les révolutionnaires. Evidemment dans presque toutes les branches de la science, sinon dans toutes, les cléricaux tiennent la première place.

Citons des faits:

On doit :

A Béde, moine anglais du VIIe siècle, le premier travail méthodique sur la dactylonomie et la chiromancie, ou calcul par les doigts et les mains ;

A Virgile, archevêque de Salzbourg au VIIIe siècle, la première affirmation de la rondeur de la terre et de l'existence des antipodes ;

A Guy, moine d'Arezzo, la portée musicale, la gamme, l'harmonie ;

Au diacre Gioja, l'aimant et la boussole ;

Au dominicain Spina, les lunettes ;

A Albert-le-Grand, dominicain, le zinc et l'arsenic ;

Au moine Roger Bacon, des idées claires sur toutes les découvertes de notre siècle ;

Au moine Schwartz, les fusils, la poudre à canon;

A Richard Walingfort, abbé de Saint-Alban, en Angleterre, la construction de la première horloge astronomique, en 1326 ;

Basile Valentin, bénédictin, la première application en médecine des ressources de la chimie ;

A Luca di Borgo, l'algèbre ;

Au jésuite Kircher, en 1697, la première lanterne magique et la construction du premier miroir ardent par l'assemblage des glaces planes ;

Au Jésuite Cavalieri, mort en 1647, la diffraction de la lumière et la découverte des infiniment petits ;

Au jésuite Regio-Montanus, le système métrique ;

Au même Régio-Montanus, à Copernic, au cardinal Cusa, le vrai système du monde ;

Au cardinal Cusa l'affirmation, avant Galilée, que la terre tourne autour du soleil immobile ;

Au bénédictin Ponce, espagnol, le principe de l'instruction des Sourds-muets, en 1579 ;

Au P. Lana, jésuite, mort en 1687, celui de l'instruction des aveugles ;

A un moine italien du XVlll° siècle la découverte de l'art de dérouler les manuscrits d'Herculanum ;

Au diacre Nollet, de Pimpret (Oise), l'honneur d'avoir, deux ans avant Franklin, expliqué les orages par la présence de l'électricité dans les nuages.

Les journaux voltairiens, qui sont si fiers de leur

science.... laïque, ignorent sans doute les noms de tous ces promoteurs cléricaux de la science.

Et pour le temps présent, voyons un peu les succès des cléricaux.

Dans un récent concours entre les écoles municipales de Paris pour l'obtention des bourses aux écoles supérieures, un fait remarquable s'est produit.

Les candidats étaient au nombre de 616. Le chiffre des admissibles s'est élevé à 280. Sur les 280, il y a eu 196 élèves des Frères et 84 élèves des écoles laïques.

Les Frères ont eu 39 nomination est les laïques 1 seulement sur 50 premiers. Parmi les 100 premiers les Frères ont eu 77 nominations et les écoles laïques 23.

Le dessin, si utile à l'ouvrier de tous les états, a donné des résultats remarquables. Parmi les 10 premiers, les Frères avaient 6 de leurs élèves, les laïques 1 seulement. Sur 27 accessits, les Frères ont obtenu 22 et les laïques 5. Sur 25 admissibles les Frères ont eu 17 élèves et les laïques 8.

Peut-être pourrait-on supposer que l'année 1877

a donné des résultats exceptionnels. Afin de prouver qu'il n'en est rien, nous faisons le relevé des résultats du concours depuis trente ans :

Résultats des Concours officiels entre les élèves des Ecoles des Frères et ceux des Ecoles laïques de Paris.

1848 sur 31 Bourses 27 aux Frères et 4 aux laïques

1849 — 32	—	31	—	1	—
1850 — 32	—	24	—	8	—
1851 — 33	—	25	—	8	—
1852 — 33	—	29	—	4	—
1853 — 30	—	24	—	6	—
1854 — 26	—	22	—	4	—
1855 — 25	—	20	—	5	—
1856 — 35	—	32	—	3	—
1857 — 35	—	24	—	1	—
1858 — 35	—	33	—	2	—
1859 — 35	—	29	—	6	—
1860 — 35	—	28	—	7	—
1861 — 35	—	31	—	4	—
1862 — 35	—	29	—	6	—
1863 — 35	—	31	—	2	—
1864 — 35	—	26	—	9	—

1865 sur	35	Bourses	33	aux Frères	4	aux laïques
1866 —	35	—	27	—	8	—
1867 —	35	—	31	—	4	—
1868 —	35	—	34	—	1	—
1869 —	35	—	23	—	12	—
1870 —	35	—	31	—	5	—
1871 —	40	—	29	—	11	— .
1872 —	153	—	96	—	57	—
1873 —	165	—	109	—	56	—
1874 —	185	—	137	—	48	—
1875 —	246	—	170	—	76	—
1876 —	205	—	148	—	57	—
1877 —	280	—	196	—	84	—
Tot.	2041	—	1547	—	494	—

Ainsi, sur 2,041 bourses mises aux concours depuis trente ans, les Frères en ont obtenu 1,547 et les écoles laïques 494.

La moindre réflexion fait cesser la surprise.

D'abord il faut reconnaître que la direction religieuse imprimée à l'esprit de l'enfant produit une maturité favorable à l'étude. L'enfant sait ce qu'est le devoir, il connaît le respect et l'obéissance, il

répond à l'affection de son maître par la reconnais-
sance.

Ce maître lui consacre ses facultés et son temps;
il n'a pas autour de lui une famille à entretenir, des
intérêts à soigner, une vieillesse à prévoir. Aucun
lien n'attache le Frère au monde passionné, ambi-
tieux, rempli d'intrigues sociales et politiques; il
est tout à Dieu et aux enfants de son école.

Parlerons-nous du côté financier de la question?
il y aurait fort à dire. Nous nous bornerons cependant à produire deux chiffres:

Un régent laïque revient à 21 fr. 60 c. par élève
et un frère, à 15 fr. 65 c.

Pour la *surveillance* : un maître laïque a 103 élèves ; un frère, 58.

Pour le *succès* : pendant quatre années successi-
ves, on a tenu des concours à Lille pour comparer
la force respective des deux catégories d'élèves. Les
concours ont donné les résultats suivants : en
1862, sur 41 élèves présentés par les Frères à l'é-
cole supérieure, 37 furent déclarés admissibles avec
550 points ; sur 41 élèves sortis des écoles laïques,
24 furent déclarés admissibles avec 310 points.

Les concours avaient lieu à l'improviste : en 1863, 1864, 1865, ils furent annoncés à l'avance, ils donnèrent lieu au résultat suivant pour un nombre égal d'élèves :

Elèves des Frères, 52 nominations, 3,570 points; élèves des écoles laïques, 22 nominations, 2,060 points.

Les concours furent supprimés : les écoles laïques ne pouvaient soutenir la comparaison.

Qu'on nous dise maintenant de quel côté, des Frères ou des laïques se trouvent les *Eteignoirs* et les *Ignorantins* !

Après avoir donné ce tableau si concluant en faveur de l'enseignement des Frères des Ecoles Chrétiennes, on lira avec plaisir quelques-uns des brillants succès obtenus par l'enseignement religieux dans les écoles supérieures.

L'Ecole préparatoire de l'Immaculée-Conception, dirigée par les Pères Jésuites, à Toulouse, a obtenu au dernier concours un très brillant succès à l'épreuve écrite des examens de Saint-Cyr. Sur 50 jeunes gens présentés, 38 ont été déclarés admissibles ; c'est donc plus des trois quarts. Le lycée en avait présenté 25 : 5 ont été admis.

Même succès pour l'Ecole polytechnique. Sur *dix-huit* élèves présents au concours d'admissibilité (1er degré) *quatorze* ont été déclarés admissibles.

L'école préparatoire de la rue Lhomond, à Paris, dirigée aussi par les Pères jésuites, a présenté 162 candidats, et 130 ont été déclarés admissibles.

Les avantages de l'enseignement donné par les Pères jésuites sont partout les mêmes, si nous en jugeons d'après les résultats publiés par la presse espagnole. Sur 280 élèves présentés aux derniers examens par les Pères du Collége d'Orduna (Biscaye) il y a eu 276 reçus (dont 70 avec la note *très bien* et 75 avec *bien*), et 4 seulement de refusés. Sur neuf élèves envoyés aux examens de l'Université de Valladolid, 6 ont mérité la note *bien*.

D'autre part, nous lisons dans *la Vraie France*, publiée à Lille :

Personne n'ignore le soin que l'Université catholique de Lille a apporté dans le choix de ses professeurs au point de vue de la science et de l'aptitude pour l'enseignement : les organisateurs de l'Œuvre ont parcouru toute la France pour trouver les maîtres les plus savants en même temps que les plus chrétiens et les plus dévoués. D'un autre côté, rien n'a été épargné, quand il s'est agi de fournir aux professeurs les bibliothèques et les collections qui peuvent faciliter l'enseignement et mettre l'institution au niveau des établissements les plus largement installés.

Le zèle des maîtres n'a pas été inférieur à leur savoir ; ils ont multiplié les cours, les travaux pratiques et les répétitions pour former les étudiants à la science et pour les préparer aux examens de fin d'année.

Les résultats de ces examens ont répondu à l'organisation de l'enseignement et aux efforts des professeurs. Tous les étudiants en médecine et en pharmacie, à l'exception de deux, ont subi leurs examens avec succès, plusieurs ont eu les mentions *très bien* ou *bien*. Des étudiants en droit viennent aussi de passer leurs examens, les uns devant le jury mixte, les autres devant les Facultés de l'Etat. Devant le jury mixte, qui fonctionnait pour la première fois et où les relations n'ont pas cessé d'être les plus courtoises et les plus agréables entre les professeurs des deux Facultés, 25 étudiants ont été reçus sur 30 ; la proportion a été à peu près la même pour les étudiants qui se présentaient devant le jury de l'Etat. C'est un véritable succès. Sur trois élèves présentés à la licence ès-lettres, deux ont été reçus et le troisième a été déclaré admissible.

Ces résultats ont leur importance. Ils contribuent à détruire les appréhensions de certains pères et de certaines mères de famille, qui hésitent à confier leurs enfants à l'Université catholique, dans la crainte qu'ils n'arrivent pas aussi facilement aux grades de licencié et de docteur. Ces appréhensions sont complètement dénuées de fondement, comme le prouvent les chiffres que nous publions aujourd'hui et comme le savent d'ailleurs tous ceux qui connaissent la nature des examens subis à la suite des études d'enseignement supérieur.

Ces résultats contribueront en outre à faire comprendre aux familles catholiques de la France, les avantages que leur offre l'Université catholique. Combien n'y a-t-il pas de jeunes gens qui pourront désormais entrer dans les carrières libérales que leur ouvrent le droit, les lettres, la médecine et les sciences, sans être forcés d'aller passer à Paris plusieurs années coûteuses pour leur famille et dangereuses à divers points de vue ! Combien n'y a-t-il pas de jeunes gens qui, tout en se destinant au commerce, à l'industrie et à l'agriculture, pourront acquérir, durant les trois à quatre années qui suivront leur sortie du collége, une connaissance approfondie du droit et des notions complètes de physique, de chimie et des sciences, qui leur permettront de devenir des hommes spéciaux dans leur carrière, de se suffire à eux-mêmes en beaucoup de questions difficiles et de rendre autour d'eux les plus utiles services !

V

Que faut-il penser de l'intervention des cléricaux dans les élections ?

L'intervention des cléricaux dans les élections est un acte de *justice.*

Pourquoi le prêtre n'aurait-il pas les mêmes

droits que le cabaretier dont les radicaux ont fait un agent électoral ? pourquoi n'aurait-il pas les mêmes droits que le journaliste ? Serait-il, le prêtre, devant la justice républicaine, un paria du suffrage universel ? ne paie-t-il pas ses impôts ? est-il citoyen ? Oui ! Eh bien ! ne l'attaquez donc pas dans son droit.

En second lieu, l'intervention du clergé spécialement dans les élections est un acte *légal*. En effet, aucune loi ne lui interdit de prendre part à la lutte électorale. L'article VI du concordat qui règle les rapports du clergé avec la société civile porte : « *Formule du serment :* Je jure et promets à Dieu de garder obéissance et fidélité au gouvernement établi par la Constitution de la République française. Je promets aussi de n'avoir aucune intelligence, de n'assister à aucun conseil, de n'entretenir aucune ligue soit au dedans, soit au dehors, qui soit contraire à la tranquillité publique. »

Où voit-on dans ces paroles qu'il soit défendu de prier et de faire prier les fidèles afin que la divine Providence dispose les esprits à la paix, à la concorde et au bien général de la France? Nous croyons,

nous Cléricaux, que Dieu s'occupe de nos desti-
nées ! Les radicaux voudraient-ils étouffer dans
nos cœurs l'amour de notre patrie ? Ils déploient à
cette besogne des efforts violents et chaque jour
renouvelés ; mais ils ne réussiront pas. On peut,
j'en conviens, refuser le vote du budget et arrêter
ainsi l'essor du commerce ; mais paralyser la fibre
patriotique qui rend, dans le cœur des catholiques
et des cléricaux, des sons si puissants et si harmo-
nieux ! jamais ?

Enfin l'intervention du clergé et des cléricaux
dans les élections, est un acte de *légitime défense.*

Supposons-nous à l'époque des élections. Deux
candidats sont en présence. L'un réclame les suf-
frages des populations avec le *programme radical.*
On sait ce que veut dire programme radical : ren-
versement des institutions à l'ombre desquelles
doit vivre toute société bien ordonnée ; conséquemment la religion, la magistrature, l'armée, les
finances, la propriété doivent subir la transforma-
tion rêvée et annoncée dans le *programme de
Belleville.* Tout cela sent le pétrole.

L'autre candidat vient avec le programme conservateur, c'est-à-dire avec la promesse de respecter et de protéger tout ce que le programme radical se propose de bouleverser.

Voyons, soyez de bonne foi. En pareil cas exigerez-vous que le clergé et les cléricaux restent passifs et se croisent les bras, en laissant faire ?

Mais ils connaissent les divers essais de république radicale. En 1793, il y avait déjà une république radicale ; or, à cette époque, des évêques et des prêtres en grand nombre furent massacrés. En 1848, la république radicale triomphe un instant, mais assez longtemps pour tuer Mgr. Affre, archevêque de Paris. Enfin en 1871, il n'y a pas bien longtemps, comme vous voyez, il y eut aussi une république radicale. Nous nous en souvenons bien, et nous n'avons pas oublié les fusillades de la Roquette, de la rue Haxo, d'Arcueil etc., etc.

Donc recommander et soutenir le candidat conservateur est acte, pour les cléricaux, de légitime défense.

VI

Est-il vrai que le gouvernement français soit sous la domination cléricale ?

A coup sûr, si l'influence cléricale a eu voix prépondérante à l'Elysée, à l'heure où j'écris, la position est singulièrement changée. En effet le ministère Dufaure compte trois protestants qui sont installés aux finances, aux affaires étrangères et aux travaux publics. Et certes, ces trois-là ne sont pas cléricaux. Quant aux autres conseillers de l'Elysée, le suffrage universel ne les a pas élevés à ce poste tant ambitionné, en vertu de leur cléricalisme. Le suffrage les range à l'opposé des cléricaux : nous les connaissons bien.

Quels seraient donc, mon Dieu, les cléricaux qui envahiraient les antichambres de l'Elysée ! En cherchant et sur les bancs de la Chambre des députés, et sur les bancs du Sénat, je vois bien un évêque, illustre il est vrai, mais que le travail et les années ont affaibli et cassé : il est là, seul de son ordre, seul contre le suffrage universel, seul contre tous les centres gauches, et il ferait peur ! Allons donc, c'est une dérision.

Voudrait-on par hasard, parler de certains ducs et consorts qui naguère encore, tenaient les rênes du gouvernement plutôt en apprentis qu'en maîtres ? Je ne puis y croire et je n'ai besoin, pour les récuser comme cléricaux, que de rappeler les paroles qu'ils ont prononcées pendant les jours de leur administration. Et encore, à quoi bon ? tout le monde sait qu'ils ont chanté sur tous les tons qu'ils n'étaient pas cléricaux en respectant la religion. Les autres, c'est-à-dire les radicaux répètent le même refrain. Peut-on concevoir quelque chose de plus ridicule que cette parole : « On nous accuse d'être cléricaux : n'en croyez rien ! nous voulons seulement le respect de la religion. » C'est de la comédie ! Aussi personne n'a prêté foi à ces paroles, et nous disions tous avec l'amertume dans l'âme : Les conseillers de l'Elysée ne sont ni cléricaux, ni catholiques, ils nous conduisent à un fiasco, peut-être à une catastrophe. Les événements se sont précipités depuis, et la triste réalité, hélas, nous a donné raison. Il fallait moins de paroles, moins de démentis au mensonge universel, mais plus de vigueur dans les actes et plus de conviction dans la foi.

Non, certes, l'influence cléricale ne préside pas aux conseils du gouvernement français. C'est, à mon avis, le plus grand malheur qui puisse peser sur notre infortunée patrie.

VII

Les cléricaux ont-ils réellement des prétentions au rétablissement de la dîme !

La dîme ! Grand Dieu, quel mot effrayant !!! Et c'est avec cet épouvantail, que les radicaux ont détourné de la religion, du catholicisme, du cléricalisme enfin le peuple ignorant.

Qu'est-ce donc que la dîme ?

La dîme, a dit un préfet de l'administration déchue, c'est une indemnité que vos pères apportaient en nature au prêtre qui leur donnait les secours de la religion et qui, même dans un certain nombre de localités, était l'instituteur de l'enfance.

Eh bien ! le retour de la dîme n'est pas à redouter par cette raison qu'elle n'a pas cessé d'exister, sous une forme différente, il est vrai. La dîme, c'est aujourd'hui la modique indemnité de traitement inscrite au budget de l'Etat, pour les membres du Clergé.

Vous n'êtes pas de cette école qui, dans son programme, inscrit la suppression du budget des cultes ; vous ne voudriez pas que vos prêtres, que vous entourez publiquement d'affection et de respect, fussent réduits, comme en Irlande, à attendre d'une sorte de dîme volontaire, le pain de chaque jour. C'est en réalité, si l'école révolutionnaire triomphait, si le budget des cultes était supprimé, que pourrait se reproduire le rétablissement de la dîme ; car l'indemnité de traitement que l'Etat fait présentement au clergé, retomberait forcément tout entière à la charge des communes.

Tous les hommes sensés comprennent cela. Mais la foule ignorante, aveugle, qui ne connaît pas le premier mot de l'histoire de notre pays, la foule que l'on flatte au lieu de l'instruire, toujours en vue des élections, la foule se livre à tous les charlatans de la Révolution, sénateurs, députés, commis-voyageurs et cabaretiers ; et sur la parole de ces comédiens, la foule croit toutes les absurdités, et avale toutes les sottises et tous les mensonges : plus il y a d'extravagances, et plus le peuple-roi s'enthousiasme ! En présence de tant de platitude de la part des masses et de tant de vergogne de la part des Tartufes-révolutionnaires, on sourirait de pitié vraiment, si les plus grandes questions sociales n'étaient engagées. Pauvre peuple, tous ces Tartufes là se moquent bien de toi, après les élections. Ce qu'ils voulaient, c'était ton vote, c'était la députation ; et pour y parvenir, il fallait te surprendre en t'effrayant ; voilà pourquoi ils ont fouillé la terre des tombeaux et ils sont venus à toi avec un squelette, un revenant, la dîme ! La peur t'a pris et pour calmer et chasser le monstre, tu lui as jeté ton vote. La comédie était jouée et M. le radical était député. Aujourd'hui la dîme repose tranquille dans la poussière des siècles, en attendant un nouveau comédien. Oh Tartufes ! jouissez de votre triomphe ! Les honnêtes gens vous plaignent.

VIII

L'influence cléricale est-elle désirable dans le Gouvernement ?

Après la révolte de Luther contre l'autorité du Pontife Romain, après les sarcasmes de Voltaire contre la Religion, après la criminelle tragédie de la Révolution, qui voulut anéantir l'autorité royale dans le sang de Louis XVI, la société moderne a pris, vis-à-vis de l'Eglise et de son autorité, trois attitudes diversement funestes au progrès social des nations chrétiennes ; attitude d'indifférence, attitude de rivalité, attitude de haine.

Par son indifférence, elle a mis une séparation entre elle et l'Eglise, afin de pouvoir se séculariser et s'appeler *société [laïque*. Elle a mis Dieu hors la loi.

En face de l'Eglise dont l'autorité s'exerce sans conteste dans le royaume des âmes, la société moderne s'est posée en rivale. Elle oubliait ainsi son rôle et sa fin. « Le pouvoir humain, dit Joseph de Maistre, s'étend à ôter le mal pour en dégager le bien, et lui rendre le pouvoir de germer selon sa nature. » Mais c'est l'Eglise qui fait germer le bien au fond des âmes. Voici donc la différence entre les deux autorités. L'Eglise, par son autorité sprituelle et divine sème la vie et fait germer le bien au milieu des nations. Le pouvoir humain empêche le bien d'être étouffé par le mal.

Mais s'il y a différence, il doit exister entre les deux pouvoirs une harmonie d'action et de dévouement, cela se conçoit ; et jamais une rivalité ne sera excusée.

Faut-il ajouter que la Révolution pourrait se définir : la *haine de l'autorité* ? Il est vrai que le premier but de ses colères sacriléges, c'est l'autorité, l'influence de l'Eglise, ou des cléricaux. Elle repousse, sur la terre ce qu'elle a repoussé dans le ciel, l'autorité du Verbe de Dieu vivant dans l'Eglise. Ici est le secret de sa haine infernale contre l'Eglise de Rome, parce que là est la plus grande personnification de l'autorité du Verbe.

Voilà bien, il me semble, la situation des sociétés modernes et des gouvernements contemporains, vis-à-vis de l'influence cléricale.

La question maintenant est de savoir si les nations chrétiennes tirent profit de cet état de choses que la Révolution favorise et que les cléricaux condamnent.

L'autorité est-elle absolument nécessaire pour le progrès social, et cette autorité doit-elle être cléricale ?

Ici, bien entendu, il ne s'agit pas des dépositaires de l'autorité et je ne pose pas la question entre monarchie et république. Je puis avoir mon idéal pour le bonheur de la France, mais je crois que la démocratie n'est pas exclue du royaume des cieux. Ce qui empêche les conservateurs de se rallier à elle, c'est que la première occupation des républicains, quand ils arrivent au pouvoir, est de tracasser l'Eglise et de rêver des réformes monstrueuses, d'où sortirait inévitablemont la ruine de notre pays. Encore les conservateurs n'entendent pas tout ce que disent les républicains et n'ont pas connaissance de tous leurs rêves. La République sera donc catholique, ou elle ne sera pas. Bref.

Dieu est, dans le sens très rigoureux, l'autorité

unique, parce que seul il est *Créateur, Auteur*, et que l'autorité appartient à l'auteur.

C'est par participation que l'autorité s'exerce au milieu des nations. En effet, l'autorité sociale est aussi la puissance de créer : de créer la société, de coordonner les hommes par rapport au but de leur association ; et, comme Dieu, elle continue de créer en la gouvernant. La fonction de l'autorité, est de créer l'ordre en donnant la stabilité à la société, de créer le mouvement, la marche en avant par la liberté, de créer enfin, par la stabilité et la liberté, la fécondité.

L'autorité au sein des nations est donc d'une nécessité absolue pour le bien et pour l'ordre. Faites-la disparaître, ou seulement altérez-en la nature ; à l'instant même vous voyez surgir le désordre. « L'autorité faible et l'autorité abusant d'elle-même, a dit un illustre orateur, c'est la société qui est malade ; mais l'autorité anéantie et l'autorité s'abdiquant elle-même, c'est la société qui meurt. »

C a est tellement vrai que, dans toute les circo tances où le désordre se produit, depuis l'école jusqu'au siége du gouvernement, les témoins de ces scènes scandaleuses et coupables demandent instinctivement: où est donc l'autorité ?

Oui, l'autorité est nécessaire.

Mais il est arrivé et il arrive encore maintenant, que les dépositaires de l'autorité, ont abusé de cette arme si nécessaire à la société, et si puissante pour le bien, en la détournant de sa source unique qui est Dieu, pour la rabaisser jusqu'à leur personne; il est arrivé conséquemment que l'exercice du pouvoir est devenu entre leurs mains la tyrannie ; en un mot il est advenu que l'autorité païenne était un égoïsme assis sur un trône pour exploiter un peuple.

Quel remède contre ce mal redoutable ? C'est ici que l'influence cléricale paraîtra nécessaire dans les sphères gouvernementales. En effet, Jésus-Christ est le restaurateur de l'autorité. Comment cela ?

Il a rappelé au monde que l'autorité était de Dieu et non des hommes. Il a dit à Pierre : « Tout ce que tu lieras sur la terre sera lié dans le ciel, et tout ce que tu délieras sur la terre sera délié dans el ciel.... » Il a dit aux Apôtres.... « Toute puissance m'a été donnée au ciel et sur la terre.... or, comme mon père m'a envoyé , je vous envoie... celui qui vous écoute, m'écoute.. » C'est là un idéal d'autorité que le monde ne connaissait pas, l'autorité de Dieu dans l'humanité ; par conséquent l'obéissance est transfigurée. L'homme qui ne porte avec lui que le cachet de l'humanité, n'aura pas mon obéissance. Pourquoi en effet aurait-il le privilége de commander, et moi la mauvaise fortune de lui obéir ? Je suis autant que lui et mon sang est aussi rouge que le sien.... Nous courons à l'heure présente, à cette désorganisation, et ce langage est universellement tenu par les nouvelles couches sociales.... Mais quand je vois l'autorité divine dans les mains de Celui qui tient les rênes du gouvernement, alors je m'incline avec respect et j'obéis sans peine. « Captif, je me sens, dans mes fers, souverainement libre, a dit Tertullien ; car je n'ai qu'un seul Maître qui est aussi le Maître de César. »

En face des envahissements du pouvoir humain dans le domaine de la conscience, Jésus-Christ a proclamé sa royauté spirituelle : « *Ego Dominus et non estalter.*— *C'est moi le maître et il n'y en a point d'autre.* » C'était porter un coup mortel à la tyrannie. Depuis cette mémorable et salutaire parole, la tyrannie sans doute a essayé de relever la tête, et, en ce temps présent, elle ne serait pas fâchée d'avoir un pied dans l'Eglise et à la sacristie tout en criant sus aux cléricaux ; mais toujours elle s'est brisée contre cette énergie indomptable des chrétiens qui répondent : *Nous ne pouvons ; et il vaut mieux obéir à Dieu qa'aux hommes.*

Le pouvoir humain était devenu fatalement de l'égoïsme. Mais Jésus-Christ a fait retentir à tous les échos du monde cette parole de salut :

« Celui qui parmi vous voudra être le plus grand, qu'il soit votre serviteur, et que le premier soit l'esclave de tous les autres ; le Fils de l'homme n'est point venu pour être servi lui-même ; il est venu servir et donner sa vie pour le rachat de tous. » Voilà l'autorité descendant sur la terre avec la Divinité pour se mettre au service de l'humanité. Dans l'Eglise, plus la dignité s'y élève, plus le service grandit, et le Pape est le *Serviteur des Serviteurs* ; et dans les autorités temporelles, les dignités ont été appelées, des charges, des ministères, des services. Et Bossuet, a pu dire en face du grand Roi : « Dieu, en communiquant sa puissance aux Rois, leur commande d'en user, comme il fait lui-même, pour le bien du monde. »

Pour les dépositaires de l'autorité, il ne s'agit donc pas de profits à faire, d'argent à gagner, de repos à goûter et de places à courir : avant tout et toujours ils doivent se dévouer au bien des autres. Or, ici, comme precédemment l'influence de l'Eglise ou cléricale est seule capable d'inspirer un pareil sentiment.

L'oubli et le mépris de cette doctrine, de la part des gouvernements, a jeté ces derniers dans une voie d'hostilité contre l'Eglise ; mais on ne méprise pas impunément l'ordre établi de Dieu. Les peuples à leur tour ont refusé obéissance aux gouvernements, et se sont révoltés contre l'autorité. L'histoire des barricades et des révolutions n'est pas terminée. « *Et nunc, Reges, erudimini* : maintenant, ô Rois, instruisez-vous ! »

IX

L'influence cléricale est-elle désirable dans le peuple ?

S'il est un bien que le peuple paraît affectionner davantage, c'est la liberté ; et en cela, rien d'étonnant : car l'homme est une force libre, et détruire ou altérer sa liberté serait anéantir ou altérer sa nature. Aussi le christianisme adresse-t-il ces grandes paroles à tous les hommes : « *Frères, vous êtes tous appelés à la liberté !* »

La grande affaire, c'est de bien comprendre le sens naturel et véritable du mot *liberté* : or le christianisme seul peut l'expliquer, parce que lui seul peut faire germer et s'épanouir tous les biens que la liberté porte avec elle.

L'oiseau volant en pleine liberté dans l'immense étendue des airs, pourrait-il se plaindre de la loi qui circonscrit son domaine au fluide qui enveloppe la terre ? Dans un autre élément il trouverait la mort. Le poisson dans l'Océan, nage librement : en fera-t-il des reproches au Créateur ? sur le sable desséché des mers, il languirait bien vite, puis il expirerait. L'homme aussi a un domaine qu'il peut parcourir en toute liberté, c'est le bien.

Il est nécessaire d'affirmer cette vérité, que l'essence de la liberté ne consiste pas dans l'usage que l'homme peut faire de sa volonté en la faisant pencher, par choix, ou vers le bien ou vers le mal. Cette faculté de choisir le mal, c'est la faiblesse de la liberté, son péril, et non sa perfection.

Dieu, qui est infiniment bon, par conséquent infiniment éloigné du mal, n'aurait-il pas la liberté ? C'est en lui une perfection, et infinie comme la puissance et la bonté.

Plus donc l'homme, au moyen de sa liberté, domptera ses passions, plus il sera libre.

C'est pourquoi nous pouvons définir la liberté, avec un illustre orateur catholique, « le mouvement sans entraves, de la volonté dans le bien. »

La société se composant de plusieurs individualités, on pourra définir la liberté, dans l'ordre social, le mouvement, sans entraves, des volontés dans le bien.

Le peuple le plus libre sera donc celui où se trouvera le plus grand bien dans ceux qui obéissent, le plus grand bien dans ceux qui commandent.

Or le Christianisme, l'Evangile, l'Eglise, en un mot tous les éléments de l'influence cléricale portent avec eux ce privilége unique sinon de détruire, du moins d'affaiblir singulièrement les mauvaises passions, conséquemment d'élargir le domaine de la volonté, dont nous parlions il n'y a qu'un instant, le bien.

Certes, donnez-moi un peuple ou l'Evangile sera universellement connu, honoré et pratiqué ; où l'Eglise trouvera des enfants soumis et respectueux ; où le catholicisme enfin aura son épanouissement, et vous verrez, dans toutes les institutions, et dans la constitution de ce peuple, la liberté, non pas tant en paroles qu'en actions.

Vous criez, *Liberté, Liberté !* je regarde, je cherche, et je vois à peine l'ombre de la liberté. Je sais bien que la Révolution a jeté en pâture, aux masses affolées, la liberté du mal. Or, la liberté du mal est, dans la Société, la plus complète oppression du bien. Ceci est dans la nature du mal. Les méchants devenus les plus forts supprimeront la liberté des bons. Luther a demandé l'extermination des protestants, parcequ'ils avaient protesté contre sa pensée. En 93 on criait *à la lanterne*; et aujourd'hui on crie *à bas*...... Le méchant veut boire le sang du juste.

Franchement, ces procédés ne sont pas ceux, des cléricaux, qui s'inspirent de la charité évangélique. Les hommes de l'Eglise et de l'Evangile ne veulent la mort de personne. Ce qu'ils ambitionnent, c'est la liberté du bien, en laquelle consistent la perfection des individus et le bonheur des nations. Je ne sais si les ennemis des cléricaux pensent à cela ou si les lettrés du parti y pensent : avouons que leur erreur est bien funeste à la paix, à la tranquillité et au bonheur de la France.

X

L'influence cléricale est-elle nécessaire?

Les réponses que j'ai faites aux deux questions qui précèdent immédiatement celle-ci, suffiraient à éclairer notre jugement et à nous donner cette solution : Oui, l'influence cléricale est nécessaire.

Mais rendons plus péremptoire encore cette solution. Il faudrait être prussien ou iroquois pour enseigner que la force doit primer le droit. Et cependant l'école moderne, qui part de ce principe, compte de nombreux disciples. Elle fait de ce principe un axiome indiscutable, elle l'appelle le droit moderne. Tout cela est gros d'orages ; et si réellement les sociétés modernes adoptent ce principe comme base de la justice et des lois, — et elles y courent ; — side l'école et de la politique ce redoutable mensonge fait son apparition, — cela semble devoir arriver bientôt, — dans les relations, dans le commerce, dans la propriété, décidément les hommes se mangeront et la terre sera un repaire de brigands. La haine du cléricalisme a longtemps fermé les yeux du bourgeois ; en ce moment il semble se réveiller, parce que les nouvelles couches sociales ont poussé le rugissement de leurs revendications. Mais il y a tout à parier qu'il va se rendormir : il ne demande qu'une chose, d'être plumé petit à petit. Le pauvre homme ne voudrait pas mourir d'une mort violente ! Je ne voudrais pas lui garantir la fin qu'il a rêvée ; car dès que le peuple est en route à l'ombre du drapeau de la force et du nombre, les événements se précipitent : gare les écus ! gare les têtes !

Ces conséquences, que je signale ici en passant, sont contenues dans l'axiome de l'école moderne ; et certes déjà à plusieurs reprises, elles ont éclaté violemment. Elles nous ramènent à l'état sauvage.

Eh bien l'école cléricale, elle, enseigne que le droit prime la force, que la conscience prime les passions, que le christianisme prime le monde païen, aujourd'hui comme autrefois, que Dieu enfin prime les rebelles. Jamais, aux yeux des cléricaux, le nombre ne pourra étouffer la vérité ! Jamais les cléricaux ne diront que le succès, dans tous les cas et indistinctement, légitimera les faits accomplis. Devant les cent mille spectateurs applaudissant le tion affamé qui labourait les chairs de la vierge chrétienne, fidèle à son Dieu et à sa conscience, l'école moderne s'incline, excuse et légitime les appétits sanglants de la foule; et moi, je salue cette enfant ! elle est seule, il est vrai, au milieu de l'amphithéâtre, elle est la faiblesse, mais elle est la droit. C'est de l'histoire ancienne, direz-vous. Mais à l'heure même, ne place-t-on pas au rang des héros, les brigands de la Convention ? ne cherche-t-on pas à légitimer la fureur des cannibales de la Commune ?

Du reste la logique l'exige ; il faut admettre le principe avec toutes ses conséquences.

Et qu'on ne me dise pas que ces hommes et ces faits sont rares. Ces hommes sont nombreux et ils attendent avec impatience le moment de l'action ; ils sont prêts depuis longtemps, depuis le jour où vous leur avez appris que la force prime le droit, que la loi était athée, et que les sociétés pouvaient se passer de Dieu.

Et c'est ici qu'il faut bien reconnaître la nécessité de l'influence cléricale.

Souvent en effet on nous dit que nous avons des idées noires et que nous voyons tout en noir. Mais veuillez réfléchir, s'il vous plaît, à l'influence que les cléricaux exercent en ce moment et par leur enseignement, et par leurs croyances religieuses et par leur zèle ; et vous comprendrez alors pourquoi les évènements que nous annonçons n'éclatent pas à l'heure même et partout à la fois, et pourquoi les hommes de la Révolution ne se multiplient pas plus rapidement. Si, en France, malgré les péripéties qui jettent le trouble, le désarroi dans les administrations, le gouvernement et les populations, il y a encore de l'ordre, de la soumission et du travail, on le doit sans contestation à la religion, à l'esprit clérical qui règne encore dans le peuple. Supposez un instant la disparition subite et générale de l'esprit clérical et des cléricaux ; d'autre part imaginez la France peuplée tout à coup de communards, d'ouvriers sans Dieu et sans l'Evangile ; ne voyez-vous pas devant vous un horrible tableau: Paris en feu, les provinces ravagées par cette race d'hommes qu'on appelle les nouvelles couches sociales ? Ce serait alors un sauve-qui-peut général ; gare aux bourses, gare aux têtes !

Tout ce qu'il y a de bon dans la société vient du cléricalisme.

Enfin, et cette dernière remarque n'est pas sans prix, quand la tyrannie, qu'elle soit assise sur le trône avec un César couronné ou qu'elle parcoure les rues avec un bonnet phrygien, quand la tyrannie, dis-je, étendra sur une nation le sombre étendard de la crainte et de la mort, quelle puissance osera élever la voix pour protester et faire retentir cette parole qui a changé le monde en apportant la liberté : « *Il faut rendre à César ce qui est à César et à Dieu ce qui est à Dieu* », et cette autre : « *Il aut mieux obéir à Dieu qu'aux hommes ?* »

L'Eglise seule aura ce courage et prendra la défense de l'opprimé contre l'oppresseur. Elle a toujours agi de cette façon dans tous les temps et dans tous les pays.

L'influence de l'Eglise ou l'influence cléricale est donc nécessaire, et pour faire respecter le droit, et pour maintenir l'ordre, et pour modérer le pouvoir du César en haillons ou du César couronné.

Xl

L'influence cléricale est-elle bienfaisante ?

Oui, l'influence cléricale est avant tout bienfaisante. L'Eglise n'a pas d'autre mission que celle de son divin Fondateur : « *Comme mon Père m'a envoyé, moi je vous envoie.* » Or, la mission de Jésus-Christ me paraît bien définie par ces deux mots de l'évangéliste : « *Il a passé en faisant le bien.* » Depuis lors, l'Eglise n'a jamais perdu de vue sa mission principale, faire du bien ; et partout où elle a pu pénétrer et planter une croix, elle a fait du bien. Et, puisqu'il s'agit de notre pays seulement, je vois sur tous les points de la France, les monuments de sa bienfaisance, les écoles, les crèches, les orphelinats, les hôpitaux etc., etc. Dans son zèle pour faire le bien, elle n'a rien oublié, ni l'esprit, ni le cœur, ni le corps, ni l'enfant, ni le vieillard, ni les infirmes, ni les jeunes gens, ni les jeunes filles ; et selon les besoins de chaque époque nous voyons éclore de nouveaux dévouements qui étonnent nos ennemis eux-mêmes, et qui témoignent de la sève divine qui circule dans tous les membres de la sainte Eglise. Et le bien, elle le fait d'une manière héroïque : et sur le champ de bataille par ses soldats, ses Sœurs et ses Frères ; et aux époques de peste et de choléra, par ses Belzunce et tous ses prêtres, qui préfèrent la mort au milieu de leurs troupeaux, en soignant et en consolant les fidèles, à la fuite sous un climat plus salubre ; il y en a tant qui s'enfuient ! et dans ses hôpitaux, par ses légions de Sœurs, filles de saint Vincent de Paul, filles de saint Charles, qui prodiguent avec tant de bonté et de grâce et leur vie et leur cœur aux pauvres, aux déshérités du monde, aux malheureux enfin.

Je me garderai sans doute d'énumérer tous les actes de dévouement, et d'établir des degrés dans ce dévouement. Le dévouement dans l'Eglise, qu'on le sache bien, c'est le pain quotidien, c'est l'habitude. L'héroïsme n'y est pas de précepte ; mais chacun veut y atteindre à l'occasion.

Faut-il ici citer quelques faits contemporains pris au hasard ?

En voici un que j'emprunte à l'*Histoire de la guerre de 1870*, de M. Jules Claretie, un républicain impartial : son témoignage ne semblera pas suspect.

Le 2 décembre, l'armée de Chanzy attaquait Patay ; les troupes de ligne, défaites, exténuées de fatigue, découragées plutôt, se couchaient dans le creux des fossés le long des routes, dans les vignes, et refusaient de combattre. Un général, le brave de Sonis, le visage irrité et triste à la fois, s'élance vers les zouaves pontificaux :

« Ceux-là m'abandonnent, crie-t-il ; vous, au moins, vous ne m'abandonnerez pas !

Et les zouaves se précipitent, la baïonnette en avant, aux cris de vive la France ! vive Pie IX !

Ils tombent nombreux, il est vrai, à l'ombre de l'étendard du Sacré-Cœur ; du moins par cette charge, dont le souvenir, comme celui des cuirassiers de Reischoffen, deviendra légendaire, les zouaves de Pie IX, c'étaient des cléricaux ceux-là, ont sauvegardé l'honneur du drapeau.

Et les Frères? ils se rangent eux mêmes parmi les cléricaux. Or sur les champs de bataille, ils ont été héroïques sans le savoir. Nous laisserons parler les journaux anti-religieux.

Quelques jours après l'affaire de Champigny, l'*Opinion nationale* disait :

« C'est un devoir pour nous de rendre hommage au zèle des religieux pour nos malades, et particulièrement au courageux dévouement avec lequel les Frères des Ecoles chrétiennes vont ramasser le blessés jusque sous les balles ennemies..... Dans l'ère nouvelle que la République de 1870 a ouverte, la lutte a changé de nature. Liberté pour tous, sous la loi commune et honneur à qui fera le mieux ! l'opinion publique sera juge et le pays profitera des loyaux efforts des combattants. Nous devons constater qu'en ce moment les Frères des Ecoles chrétiennes ont pris une avance. »

Mais qui dira jamais l'héroïsme de ces femmes que nous saluons du doux nom de Sœurs? Chez elles le mépris de la mort est tout à fait ordinaire et leur sublime dévouement est devenu légendaire dans le monde entier. « Pourquoi vous exposer ainsi, disait un aumônier à une de ces religieuses à Strasbourg, aux coups inévitables de la mitraille ? votre place n'est point ici. Mon Dieu, M. l'abbé, répondit la fille de saint Vincent de Paul chez nous une Sœur fait l'office d'une cheville : quand la cheville manque, on en met une autre ! »

Après tout, quel est l'esprit qui anime ces soldats chrétiens, ces Frères et ces Religieuses, pour qu'ils courent ainsi à la mort et à la peine, sans crainte et sans regrets ? C'est l'esprit clérical, c'est-à-dire l'esprit de Dieu, l'esprit do Jésus. Ceux-là seulement qui le possèdent en entier sont vraiment patriotes et prêts au sacrifice.

Parmi les cléricaux qui produiront ici-bas la plus grande somme de bien, nous devons signaler le Curé, et surtout le Curé de campagne. Je n'ai jamais songé à lui et à son ministère, sans éprouver des sentiments d'admiration et de sympathie pour sa personne.

De quelle assemblée municipâle et politique le Curé fait-il partie ? — D'aucune.

Va-t-il de maison en maison, de village en village, de ville en ville, de balcon en balcon, provoquer les réunions et pérorer dans les clubs ? — Non.

Pourquoi alors le dénoncer comme empiétant sur les droits de la société laïque? c'est une infâme calomnie.

L'habit qu'il porte aurait-il donc la propriété d'exciter la haine du communard ? Ce dernier en effet n'a jamais des yeux doux pour le prêtre qui passe à côté de lui.

Mais ces prêtres qui portent ce sac de drap noir, d'où viennent-ils ? — Ils sont tous enfants du peuple, vivent et meurent pour le peuple. Ce jeune homme à qui l'habitude de la vertu depuis ses jeunes années et le caractère sacerdotal ont donné la maturité et l'expérience du vieillard, a quitté son pays et sa famille, a renoncé aux joies si vantées du foyer, s'est revêtu d'une livrée singulière qui le distingue de la foule, et a conçu pour des frères qu'il ne connaissait pas un amour tendre et indomtpable. Voyez-le à l'œuvre ; il se fait tout à tous. Il est le père des orphelins, le soutien des pauvres, le consolateur des affligés et des mourants : il se fait mendiant auprès des riches et distribue des aumônes aux nécessiteux. Où le curé est surtout admirable, c'est à son catéchisme. Comme il s'ingénie pour descendre jusqu'au niveau si bas de ces petites intelligences, et pour les élever jusqu'à lui, ou plutôt jusqu'aux resplendissants mystères de la religion chrétienne ! Quelle tâche, quelle besogne, quelle patience, quelle abnégation, quel sacrifice ! Mais le Curé ne veut pas désespérer de produire la lumière et de donner la vérité à ces intelligences, bien obscures, il est vrai mais susceptibles de recueillir la Parole de Dieu. C'est pour-

quoi il aime ces enfants d'un amour de prédilection ;
il vit avec eux pour élever leur intelligence et les
enfanter à Jésus-Christ, comme il reste au milieu
de cette population dont il a fait sa famille, pour
maintenir et élever, si possible, son niveau moral.
A ce propos faites vous-même la comparaison
entre une population qui entoure son Curé de
vénération et d'amour, et cette autre population
qui ne voit dans le pasteur de la paroisse qu'un
censeur importun et qui délaisse les pratiques religieuses. Il y a tout à parier que là, vous trouverez
la vertu en honneur, et qu'ici vous rougirez de la
légèreté des mœurs.

Eh bien, cependant voilà celui que les radicaux
dénoncent comme l'ennemi de la France !

Car enfin ce bon curé qui se dépense tout entier
au soulagement des misères, des petits et des indi-
gents, est presque toujours un savant. Du moins
est-il bien au-dessus du commun des fidèles, et par
ses connaissances et par le développement de ses
facultés. Est-il au moins à l'abri de la pauvreté ?
Non : car pour toute récompense et de ses longues
études et de son dévouement, il reçoit un maigre

traitement dont ne pourrait se contenter à jus;e titre le plus petit bureaucrate, et enfin l'ingratitude bien souvent. Mais qu'importe au cœur vaillant qui marche à la conquête du ciel et qui n'a d'autre ambition que de faire du bien à ses frères !

L'ivraie de la politique n'a jamais affaibli l'ardeur du clergé ; il se nourrit d'un pur froment, l'Evangile et l'Eucharistie. Muni de ce double viatique qui donne l'esprit clérical, le clergé ne redoute ni la pauvreté, ni les fatigues, ni l'ingratitude, ni la persécution. On le menace de tout cela, et, chose incroyable, tout cela fait sa force et crée son influence.

XII

L'influence cléricale est-elle naturelle et ordinaire ?

Il y a dans l'origine de l'influence cléricale un élément extraordinaire qui jette le trouble dans la raison de ce siècle voué au rationalisme et au naturalisme et qui excite la haine des nouvelles couches sociales. Mais que pouvons-nous et que peuvent-ils contre la puissance de Dieu ?

Toute chose, dans l'Eglise de Dieu, commence par la petitesse et l'humilité : puis l'élément dont je parle éclate tout-à-coup et embrase les nations. Voyez plutôt les douze Apôtres marchant à la conquête du monde. Humainement c'est une folie ; et cependant le plan de bataille a parfaitement réussi et les nations de la terre se sont agenouillées au pied de la croix.

Voyez l'institution des ordres monastiques ! Un homme quitte le monde et ses plaisirs pour s'enfoncer dans la solitude et mener une vie pénitente. Le jeûne, l'abstinence, les macérations, le silence; le travail et les veilles, voilà les biens qu'il poursuit. Singulières ambitions !

Voyez l'œuvre de la Propagation de la Foi ! C'est une pauvre fille de Lyon, une ouvrière, qui rêve, dans sa pauvreté, d'envoyer des millions aux missionnaires d'au-delà des mers. Ces nouveaux apôtres ont tout quitté, patrie, famille, amis, pour aller, sur des plages éloignées, inhospitalières et ennemies, gagner à l'Evangile et à Dieu des âmes assises dans les ténèbres du paganisme et de l'erreur.

Qui songera à soulager ces héros de l'Eglise catholique, et à leur venir en aide ? C'est une femme, et une femme pauvre. Mais la foi vive a le pouvoir de transporter les montagnes ; et la pensée de cette humble femme se réalise aujourd'hui, par le moyen de l'œuvre de la Propagation de la Foi, œuvre si simple et si grandiose à la fois.

Voyez l'archiconfrérie du Saint-Cœur de Marie ! Il fut un temps où le vénérable Curé de Notre-Dame des Victoires était seul dans son Eglise pour prier et chanter les louanges de Dieu. On dit même qu'un jour une femme avec son nourrisson, égarée dans cette Eglise, se préparait à la quitter, parce que son enfant pleurait. « Restez, ma bonne, lui aurait dit le Curé ; le bon Dieu entendra du moins aujourd'hui une voix humaine. » Que s'est-il donc passé depuis ? car à toutes les heures du jour, des hommes en grand nombre et de tous rangs prient et chantent dans Notre-Dame des Victoires. Et depuis de longues années, les foules ne diminuent pas et l'Eglise est toujours remplie.

Voyez les conférences de S. Vincent de Paul ! Trois ou quatre jeunes gens du quartier latin, — on connaît ces gaillards là, — se réunissent, et forts de leurs bonnes intentions, ils décident de mettre leur chasteté à l'abri de la charité. Ils étaient trois l.mais depuis, les conférences de saint Vincent de Paul ont enlacé le monde, et la charité se fait sur une grande échelle, et des milliers de jeunes gens de toutes conditions et de tous rangs y trouvent l'honneur et le salut.

Voyez les cercles catholiques! Au lendemain de nos désastres, après 1870, trois ou quatre jeunes hommes de l'armée et du barreau, profondément attristés à la vue des ravages causés par l'esprit révolutionnaire et impie, et les colères sanglantes de la Commune, voulurent tenter, après une entente commune, la réformation des ouvriers. C'était une œuvre colossale. Mais la foi ne doute pas de la puissance et de là miséricorde divine. C'est pourquoi, sans craindre les fatigues et les menaces de la Révolution, ils commencèrent, dans l'humilité et la prière, cet ouvrage de géants. Les temps sont difficiles, je le sais, et les succès ne répondent pas toujours aux efforts tentés. Quoi qu'il en soit, la France actuelle compte d'innombrables ouvriers enrôlés sous la bannière de Constantin ! Ces hommes au cœur énergique, à la foi ardente, ont vaincu le respect humain, en promenant sur tous les chemins de la France le drapeau du Sacré-Cœur, et en chantant les cantiques des Pélerinages.

Voyez enfin les Petites Sœurs des Pauvres! Sait-on bien comment se fait l'installation de ces asiles de vieillards ? Trois ou quatre pauvres et modestes Sœurs arrivent dans une ville, et louent une maison. De suite elles se mettent en quête de vieillards infirmes et dénués de toutes ressources : une fois trouvés, et ce n'est pas l'entreprise la plus pénible, car les nécessiteux et les déshérités de la fortune sont les plus nombreux sur cette terre, elles les réunissent dans leur maison. Les vieillards consti-tuent leur principal mobilier. Cette nouvelle se ré-pand dans la ville, les cœurs sont touchés, et les offrandes arrivent. Alors ces vierges timides, qui n'auraient pas voulu hier quêter pour leurs besoins personnels, vont aujourd'hui de porte en porte tendre la main pour leurs vieillards. Souvent ces bonnes et tendres filles sont assez froidement ac-cueillies, quelquefois même on les injurie. Ne rapporte-t-on pas qu'un brutal, un jour, osa lever la main sur l'une d'entre ces anges de charité ! La petite sœur ouvrit-elle son cœur à la honte et à la vengeance ? Oh non ! Voici ce qu'elle répondit : « Ce soufflet est pour moi maintenant ; donnez-moi pour les pauvres vieillards ! » Les quêtes terminées elles rentrent à la maison où elles vivent des restes que les vieillards rassasiés ont laissés sur les tables; encore faut-il qu'il y ait des restes. Il arrive parfois, sublimité du dévouement ! que les pauvres Petites Sœurs n'ont rien à manger. Mais pour ces anges terrestres la question n'est pas là ; elles sont trop heureuses et trop honorées de garder les pauvres, les vieillards, les vrais trésors de l'Eglise, que saint Laurent, dont l'esprit se perpétue au milieu de nous, étalait autrefois avec complaisance devant les yeux des tyrans.

Certes, notre temps est fertile en miracles. Mais quel prodige surpassa jamais les actions que je viens d'énumérer et qu'il me serait si doux de raconter tout au long ? quel est donc enfin cet esprit qui souffle d'une manière si puissante dans le cœur des cléricaux ? Ce souffle si fécond, cet esprit mystérieux et si puissant en œuvres, a la propriété, je le sais, d'exciter la haine des communards. Ils consentent bien à recevoir, à l'hôpital, les soins de nos sœurs de charité ; mais sous la main si douce, si délicate, si bienveillante, si charitable, qui les panse et les sauve, ils veulent conserver le droit de les insulter le lendemain.

XIII

L'influence cléricale a-t-elle suscité des grands hommes ?

Les grands hommes et les grands Saints qui ont illustré l'histoire de l'Eglise et les annales de notre pays sont un puissant argument en faveur de la cause cléricale. D'une part il enlève à nos ennemis le droit de nous traiter du haut de leur prétendue grandeur faite d'ignorance et d'impiété, et de l'autre il nous met dans la situation glorieuse de penser comme ces intelligences et ces âmes d'élite. On porte gaiement et dignement le nom de clérical quand l'on voit derrière soi une si longue lignée de catholiques et de cléricaux illustres.

Saint Jean, au pied de la croix, affrontant la fureur des juifs déicides et donnant à son maître ce dernier témoignage de son affection, saint Jean était un clérical.

Saint Pierre et saint Paul, prêchant partout le règne de Jésus-Christ, plantant la croix jusque dans le palais des Césars et signant de leur sang leur foi en Jésus ressuscité, saint Pierre et saint Paul et après eux tous les martyrs étaient des cléricaux !

Constantin, le grand Constantin, courbant la tête devant le signe mystérieux de la croix qui lui apparaît comme un signe précurseur de la victoire, immédiatement avant la grande lutte qu'il entreprenait contre le César de Rome, Constantin devenu chrétien et favorisant les chrétiens, le grand Constantin était un clérical !

Clovis, se rendant aux supplications de sainte Clotilde, Clovis, ce fier sicambre à genoux devant saint Remy, et brisant de sa francisque la puissance des Ariens, Clovis, le fils aîné de l'Eglise, Clovis était un clérical !

Charles Martel décimant les Sarrasins dans les

plaines de Poitiers et refoulant au-delà des Pyré-
nées ces musulmans en déroute, Charles Martel
était un clérical !

Charlemagne dont la gloire fait oublier l'énergie
et la prudence de son illustre père Pépin le Bref,
Charlemagne à la fois sur tous les champs de bataille de l'Europe et tirant l'épée pour la dilatation
du règne de Jésus-Christ, Charlemagne chantant
les psaumes et visitant les classes, Charlemagne
recevant la couronne impériale des mains du Sou-
verain Pontife lui-même ; Charlemagne, bien certai-
nement la plus grande figure de l'histoire du monde
depuis l'invasion des Barbares, Charlemagne était
un clérical !

Jeanne d'Arc, le nom de l'héroïque Pucelle rap-
pelle les temps les plus tristes de notre histoire.
Jeanne d'Arc obéissant à une mission divine, bat-
tant les Anglais, et conduisant Charles VII au sa-
cre de Reims, Jeanne d'Arc à elle seule représentait
alors le parti clérical !

Henri IV, cédant enfin aux instances de son peuple et de sa conscience, Henri IV docile aux conseils

de Rome et recevant le pardon du Pontife suprême, Henri IV était un clérical !

Saint Louis, ce guerrier vaillant, ce législateur consommé, ce roi prudent et sage, saint Louis cet ennemi des blasphémateurs, ce chevalier mourant sur les côtes de l'Afrique sans avoir pu délivrer le tombeau du Christ, saint Louis était un clérical !

Bayard, le brave chevalier Bayard, le modèle de tous les héros, Bayard était un clérical !

Turenne et Condé, Corneille et Racine, Bossuet et Fénelon et toute cette pléiade d'hommes illustres qui ont fait la gloire du grand Roi et du grand siècle, tous ces génies vivant de la vie chrétienne, tous étaient des cléricaux !

Vincent de Paul, ce héros de la charité, dont le nom seul évoque tant de souvenirs glorieux pour la nation, Vincent de Paul était un clérical !

Belzunce, ce bon pasteur qui, dans Marseille en deuil et décimée par la peste, donna sa vie pour ses brebis, Belzunce était un clérical !

Le plus grand capitaine des temps modernes, Napoléon rétablissant l'Eglise de France sur les ruines fumantes causées par la Convention, Napoléon, à genoux sous les voûtes de Notre Dame, et recevant l'onction sainte des mains du grand Pontife qui gouvernait alors l'Eglise de Dieu, Napoléon était un clérical !

Le maréchal Bugeaud, la gloire de l'armée française, portant sur sa poitrine et au milieu des camps, avec une foi d'enfant, une médaille de la Vierge, Bugeaud était un clérical !

Et ces zouaves de Patay, courant à l'ennemi à l'ombre de la bannière du Sacré-Cœur, mourant en héros, après s'être battus comme des lions, ces zouaves étaient des cléricaux !

Cette liste vaut bien, il me semble, cette autre que nous pourrions dresser, et qui irait de Pilate à Robespierre.

XIV

CONCLUSION

Oui, certes, en plongeant nos regards dans le passé de l'histoire ; en étudiant, avec loyauté et bonne foi, les cœurs et les hommes, bientôt les brouillards se dissipent, les préjugés s'en vont, l'admiration naît et une grande lumière illumine nos jugements et toute notre vie. Rien de grand n'a été fait en dehors de l'Eglise ; elle est la Reine du monde. Il y a eu, à travers le temps, des révoltes contre elle ; mais les géants qui voulaient se mesurer avec elle n'étaient que des pygmées, et toujours ils renouvellent l'histoire de la Tour de Babel. Dans les temps anciens, le peuple d'Israël, le peuple choisi de Dieu, était déjà, pour les nations voisines et ennemies, un sujet de jalousie et de haine. Un prophète de malheur fut choisi et envoyé au nom des peuples ennemis, pour jeter à la face d'Israël, les menaces et les malédictions. Déjà il était arrivé au sommet de la montagne prêtant l'oreille du cœur aux inspirations qui lui viendraient d'en haut. Tout-à-coup il lève les yeux sur le peuple d'Israël. Emerveillé à la vue de ce peuple privilégié les bénédictions se pressent de son cœur sur ses lèvres, et sous le souffle de l'esprit divin il s'écrie au grand désappointement des peuples idolâtres : « Que tes tabernacles sont beaux, ô Jacob, et tes tentes admirables, ô Israël ! Celui qui te bénira sera béni lui-même ; celui qui te maudira sera maudit lui-même ! »

C'est l'histoire de tous les hommes qui veulent, avec une entière bonne foi, jeter les yeux sur l'Eglise, sa constitution, ses œuvres et son esprit : ils reviennent de cette étude avec cette conviction qui se traduit en prophétie pour les temps futurs et que nous pouvons résumer en ces mots : « Le droit primera la force, la conscience primera les passions, le christianisme primera le monde païen, Dieu enfin primera les rebelles ! »

Nos espérances sont d'autant plus fondées, que nous combattons sous les ordres d'un chef qui voit juste et ne se trompe pas. Debout ! catholiques et clé ricaux, serrons nos rangs autour de notre général en chef, Pie IX, l'évêque de Rome, et le pasteur de nos âmes ! En France ceux que l'on appelle les Conservateurs n'ont pas de chef ; aussi ils ont subi la défaite qui attend toute armée qui se bat sans général et sans discipline. Le grand, le véritable conservateur des temps actuels, c'est le Pape ; et les seuls, les vrais soldats conservateurs sont les catholiques ou les cléricaux.

Courage donc aux Catholiques ! Le Christ a vaincu le monde.

TABLE